Paramon
Verlag

Die Deutsche Nationalbibliothek verzeichnet diese Publikation
in der Deutschen Nationalbibliografie;
detaillierte bibliografische Daten sind im Internet über
http://dnb.d-nb.de abrufbar.

Autor: Mathias Fossenberger
Illustrationen: Brigitte v.Schenck
Titel: Freddy Frechdachs und die Polizei

Paramon® ist ein Imprint der
Europäische Verlagsgesellschaften GmbH.

ISBN 978-3-03830-066-3

Sie finden uns im Internet unter: www.Paramon.de

FREDDY FRECHDACHS

und die Polizei

von Mathias Fossenberger

FREDDY FRECHDACHS

und die Polizei

Text: Mathias Fossenberger
Illustration: Brigitte v. Schenck

Freddy wohnt mit seinen Eltern und seiner Schwester Frida in einem schönen Haus mit einem großen Garten. Dort steht auch ein riesiger Kletterturm. Am liebsten spielt er dort mit seinem besten Freund Paul. Paul und Freddy gehen beide in die erste Klasse. Heute gibt es einen Ausflug mit der ganzen Familie. „Das wird ein schöner Tag“, freut sich Freddy.

Im Zimmer seiner Schwester gibt es immer wieder
neue Spielsachen. Obwohl Freddy alles bekommt,
was er sich wünscht, ist er auf seine Schwester
ein klein wenig neidisch.
„Was kann ich ihr bloß wegnehmen und verstecken?“,
fragt er sich eifersüchtig.

Die Puppe ist Fridas
größter Schatz. Nur vor den
Augen der Katze versteckt er
die Puppe unter dem
riesigen Eisbären.

„Hoffentlich findet sie die
Puppe nicht so schnell“,
denkt Freddy und hofft,
dass ihm niemand auf die Schliche kommt.

Natürlich bleibt die Tat nicht unbemerkt. Die Mama ist ganz doll wütend auf Freddy. Sogar die Dinosaurier an der Wand versuchen ängstlich zu fliehen.

„Passiert das noch mal, bekommst du Hausarrest“, droht sie.

In der Schule. Als die Lehrerin gerade nicht aufpasst, schleicht sich Kevin von hinten an Paul
„Lass Paul in Ruhe“, versucht Freddy zu helfen.

Tierwelt

Wir malen die Tierwelt

Paul ist aufgesprungen und versucht Kevin zur Rede zu stellen. In diesem Moment dreht sich die Lehrerin um und schimpft plötzlich mit Paul, der doch gar nichts gemacht hat. „Paul, lass Kevin in Ruhe, sonst darfst du heute nachsitzen“

Wir malen die Tierwelt

Kevin hat es mal wieder geschafft. Die Lehrerin hat nicht mitbekommen, dass er den Streit angefangen hat.
Paul ist traurig und Freddy wütend.
„Wie kann ich Kevin bestrafen?“, fragt er sich.

In der Pause nutzt Freddy die Gelegenheit.
Kevin stolpert und fällt mit dem Gesicht auf
den harten Boden, weil Freddy ihm ein Bein stellt.
„Das hast du verdient", glaubt Freddy.

Theaterbühne Hossen
spielt
Freddy Frechdachs
Großer
Laterne-Lauf
der
Feuerwehr
CIRCUS CAPI
CIRCUS CAPI
Sondervorstellungen
am Wochenende
Kinder unter 6 sind frei

Kevin liegt mit Schmerzen auf dem Boden und krümmt sich. Die anderen Schüler stehen um ihn. Paul ist sich nicht sicher, ob er sich freuen, oder ob er Mitleid mit Kevin haben soll.

Die Lehrerin kniet bei Freddy und ist ganz aufgebracht. „Wenn das noch einmal passiert, rufe ich die Polizei. Du wirst schon sehen, was du davon hast.“

Großer Laterne-Lauf der Feuerwehr
CIRCUS CAPI
Sondervorstellungen am Wochenende Kinder unter 6 sind frei

Nach der Schule im Garten. Während die anderen Kinder spielen, sitzt Freddy alleine auf der Schaukel und weiss nicht weiter. Er wollte doch nur helfen. „Hoffentlich kriege ich keinen Ärger mit der Polizei“, denkt er ängstlich.

Am nächsten Tag wieder in der Schule. Also doch. Die Polizei ist da. Doch der freundliche Polizist erklärt den Kindern nur, wie sie sich bei Gefahr verhalten können. Außerdem hat er einige Bilder mitgebracht.
Siehst du den Hubschrauber?

„Hoffentlich sieht mich der Polizist nicht", wünscht sich Freddy.

Der Polizist hat ihn doch angesprochen. Das war aber gar nicht schlimm. Natürlich hat er erklärt, dass man anderen Kindern kein Bein stellen darf.
Er hat aber auch versprochen, dass Polizisten niemals ein Kind einsperren würden.

Und dann hat der freundliche Polizist ihn noch gefragt, ob er auch mal in einem Polizeiauto sitzen möchte.
Und ob Freddy das möchte.

„Wenn ich groß bin,
will ich auch zur Polizei“,
ist sich Freddy sicher.

„Ich komme bald wieder mit
neuen Geschichten aus meinem Leben,“
verspricht Freddy